MAGNIFICAT
9 DIAS COM NOSSA SENHORA

ANDRÉ LUIZ OLIVEIRA
MARCOS CASSIANO DUTRA

MAGNIFICAT
9 DIAS COM NOSSA SENHORA

Editora
SANTUÁRIO

DIREÇÃO EDITORIAL:
Pe. Fábio Evaristo R. Silva, C.Ss.R.

CONSELHO EDITORIAL:
Pe. Ferdinando Mancilio, C.Ss.R.
Pe. Marlos Aurélio, C.Ss.R.
Pe. Mauro Vilela, C.Ss.R.
Pe. Victor Hugo Lapenta, C.Ss.R.
Avelino Grassi

COORDENAÇÃO EDITORIAL:
Ana Lúcia de Castro Leite

COPIDESQUE:
Denis Faria
Viviane Sorbile

REVISÃO:
Luana Galvão

PROJETO GRÁFICO E CAPA:
Bruno Olivoto

**Dados Internacionais de Catalogação na Publicação (CIP)
(Câmara Brasileira do Livro, SP, Brasil)**

Oliveira, André Luiz
　Magnificat: 9 dias com Nossa Senhora /André Luiz Oliveira, Marcos Cassiano Dutra. – Aparecida, SP: Editora Santuário, 2017.

　ISBN: 978-85-369-0496-2

　1. Magnificat – Meditações 2. Maria, Virgem, Santa 3. Maria, Virgem, Santa – Culto 4. Oração I. Dutra, Marcos Cassiano. II. Título.

17-04017　　　　　　　　　　　　　　　　　　　　　　CDD-232.91

Índices para catálogo sistemático:
1. Maria, Mãe de Jesus: Teologia dogmática cristã 232.91
2. Mariologia: Teologia dogmática cristã 232.91

1ª impressão

Todos os direitos reservados à EDITORA SANTUÁRIO – 2017

Rua Pe. Claro Monteiro, 342 – 12570-000 – Aparecida-SP
Tel.: 12 3104-2000 – Televendas: 0800 - 16 00 04
www.editorasantuario.com.br
vendas@editorasantuario.com.br

> "Deus ajuntou todas as águas
> e deu nome de mar,
> e ajuntou todas as graças
> e deu nome de Maria."
> *(São Luís de Montfort)*

Apresentação

Li e rezei o livro *Magnificat, nove dias com Nossa Senhora*, de André Luiz Oliveira, escrito em parceria com Professor Marcos Cassiano Dutra, da Diocese de Piracicaba.

Trata-se de um trabalho de pesquisa que, antes de ser publicado, foi ocasião de meditação para os autores. E para nós é e será um Manual de Oração.

As orações, que seguem os temas, são teológicas e eclesiásticas e nos conclamam a viver, existencialmente, o Magnificat.

O Magnificat é um hino evangélico, que exprime a imagem de um Deus, presente na história dos homens, e a de um coração humano verdadeiramente piedoso. Essa riqueza é mostrada pelos autores quando comentam cada versículo e apresentam uma oração conclusiva. Recomendo esta obra a todos os devotos de Nossa Senhora, dos quais eu sou o primeiro.

André Luiz e Marcos Dutra estão de parabéns por nos oferecer este novenário mariano.

Com minha Bênção Sacerdotal,

Mons. Enoque Donizetti de Oliveira
Pároco em Arceburgo-MG

Preâmbulo

Grande é a devoção que o povo de Deus tem pela mãe de Cristo, a Santíssima Virgem. O Concílio Vaticano II, na Constituição dogmática *Lumen Gentium,* ao falar sobre a Virgem Imaculada, diz que "a devoção a Maria é um meio essencialmente ordenado para orientar as almas a Cristo e assim uni-las ao Pai, no amor do Espírito Santo". A partir de tais inspiradoras palavras, queremos refletir sobre um dos cânticos bíblicos que a Sagrada Escritura nos apresenta por meio da narração de Lucas evangelista, o "Magnificat" (Lc 1,46-56), canto de Maria, a mulher bendita de

Nazaré: "A minha alma engrandece ao Senhor e exulta meu espírito em Deus meu salvador".

No início do Evangelho segundo Lucas, logo no capítulo primeiro, lemos a narrativa da Anunciação. Mais adiante, vemos Maria indo visitar e auxiliar na gravidez de sua parenta Isabel. Prosseguindo nossa leitura, encontramos um hino entoado pela Virgem de Nazaré na ocasião da visitação à mãe do Batista. O conteúdo poético desse canto mariano tornou-se, ao longo dos tempos, uma tradicional oração dos cristãos na Liturgia das Horas. É um canto de ação de graças, mas também profético, pois, nas palavras de Nossa Senhora, está a presença de um Deus justo, misericordioso, protetor e atuante na história de seu povo, que cumpre sua promessa ao socorrer Israel, isto é, ao encarnar Seu Verbo.

Este pequeno livro é como um presente oracional aos quantos que se sentem atraídos pelo exemplo de Nossa Senhora nas mais diversas devoções, espalhadas ao redor do mundo, as quais, de geração em geração, não se cansam de exaltar as glórias e a santidade daquela que Deus fez imaculada e mãe de Seu Santíssimo Filho. Santo Afonso Maria de Ligório (1696-1787), Doutor da Igreja e grande devoto de Maria Santíssima, dizia que "o verdadeiro devoto de Maria jamais se perde" (In: *Glórias de Maria Santíssima*). De fato, o bom devoto de Nossa Senhora não se perde, mas encontra o Caminho que é nosso Senhor, porque Maria nos leva a Ele. Sua vida, sua intercessão, seus dogmas e suas orações se relacionam diretamente a Cristo, dado que ela nos ensina a fazer tudo o que Ele nos disser, isto é, introduz-nos na escola do discipulado de seu Filho, da qual ela também é discípula fiel.

A obra que agora vos apresentamos reúne reflexões feitas a partir de cada verso do Magnificat. Elas poderão ser lidas uma por dia, durante nove dias. A você caro leitor, uma ótima oportunidade de reavivar no coração, e na vida, o amor filial à Mãe de Deus. Boa leitura!

Marcos Cassiano Dutra

Apontamentos históricos sobre o Magnificat

Para conviver com uma pessoa por dias – pensando os nove propostos nesta obra –, é necessário primeiro conhecê-la. Por isso, antes de iniciarmos nossas reflexões, apresentamos alguns apontamentos acerca do contexto histórico do cântico do Magnificat (Lc 1,46-55), explicando de maneira resumida quem é Maria e qual o papel ocupado por ela na obra da redenção. Desde o início, é bom lembrar aquilo que nos ensina a Igreja: "A missão materna de Maria em favor dos homens de modo algum obscurece nem diminui a mediação única de Cristo; pelo contrário, até ostenta sua potência, pois todo o salutar influxo da bem-aventurada Virgem (...) deriva dos superabundantes méritos de Cristo, estriba-se em sua mediação, dela depende inteiramente e dela aufere toda a sua força" (*Lumen Gentium* 60).

É certo que Nossa Senhora não compôs o Magnificat. Ele lhe foi atribuído pelo evangelista Lucas, que o associou à personalidade de Maria. Segundo uma tradição, o cântico do Magnificat tem a ver com uma possível proximidade de Maria com o templo de Jerusalém[1]. Talvez, tenha sido ali onde ela tomou conhecimento do cântico de Ana (1Sm 2,1-10), protótipo do seu Magnificat, recitado séculos antes. Porém, foi em sua boca que ele foi mais bem entoado e repercutiu para um maior número de pessoas. Não havia, em toda a Jerusalém,

---

[1] Segundo a Tradição e os Evangelhos Apócrifos, Maria passou parte de sua infância no Templo de Jerusalém. Em sua liturgia, a Igreja dedica a este fato uma memória em 21 de novembro: a Memória da Apresentação de Nossa Senhora.

pessoa melhor que o comunicasse. Ela o adotara para si, como uma espécie de lema de vida. Como recorda o Catecismo da Igreja Católica:

> O cântico de Maria é ao mesmo tempo o cântico da Mãe de Deus e o da Igreja, cântico da Filha de Sião e do Povo de Deus, cântico de ação de graças pela plenitude de graças distribuídas na Economia da salvação, cântico dos "pobres", cuja esperança é satisfeita pela realização das promessas feitas a nossos pais "em favor de Abraão e de sua descendência para sempre" (CIC n. 2619).

Ele torna-se, assim, um compêndio das máximas da fidelidade a Deus. O Magnificat é uma proposta de vida, um itinerário e um roteiro do agir cristão.

Como dissemos, o cântico de Ana (1Sm 2,1-10) é o protótipo do Magnificat. Ana foi a esposa de Elcana, que tinha uma segunda esposa chamada Fenena. A segunda esposa lhe dera filhos; porém, a primeira não. Ana era estéril, e Fenena sempre a hostilizava por isso, pois, para a cultura judaica da época, a infertilidade era sinal de maldição e de não cumprimento ao mandato de Deus para Adão e Eva: "Sede fecundos, multiplicai-vos, enchei a terra" (Gn 1,28). Havia o costume de se apresentar a Deus uma vez ao ano e oferecer a Ele sacrifícios; a família ofertava uma porção daquilo que havia produzido durante o ano (Dt 18,4). Elcana dava uma porção a Fenena e uma a todos os seus filhos para que ofertassem a Deus; porém a Ana ele entregava uma dupla porção, pois ele a amava mais. Ana havia feito uma promessa a Deus: pediu a Ele que lhe concedesse um filho. Em uma ocasião, quando ela orava no Templo, grande era sua concentração e não se ouvia qualquer palavra. Era possível apenas ver seus lábios se mexendo. Foi então que o sacerdote Eli achou que ela estivesse embriagada e pediu que se retirasse do Templo. Porém ela disse que não estava embriagada, mas, sim, apenas tomada de dor por ser estéril e que apenas seus lábios se mexiam, pois uma tristeza imensa havia invadido seu coração. Eli, percebendo a piedade de Ana, disse-lhe: "Vai em paz e que o Deus de Israel te conceda o que pediste" (1Sm 1,17). Passado um tempo, a promessa se cumpriu. Ana estava grávida, e seu esposo ficou radiante pela novidade. Após o período da gestação, nasceu-lhe Samuel. Depois de tê-lo desmamado, ela o levou ao Templo e o consagrou a Deus e, após dizer ao sacerdote Eli que Deus havia cumprido a promessa, ela então entoou seu cântico:

> Meu coração exulta em Javé, minha fortaleza em Javé se exalta; abre-se minha boca contra meus inimigos, porque me alegro com tua salvação. Não há santo como Javé, porque não há outro além de vós; não há Rocha como nosso Deus. Não multipliqueis palavras orgulhosas, cesse em vossa boca a arrogância, porque Javé é um Deus que tudo sabe, um Deus que julga as ações humanas. O arco dos fortes é quebrado, e os fracos são revestidos de vigor. Os que eram fartos procuram um ganha-pão, os que tinham fome não têm mais de trabalhar. Sete

> vezes deu à luz a que era estéril, a mãe de muitos filhos perdeu as forças. É Javé que faz morrer e faz viver, faz descer ao abismo e de lá voltar. Javé dá a pobreza e a riqueza, humilha e também exalta. Ergue da poeira o indigente, da imundície levanta o pobre, para os fazer sentar entre os príncipes e dar-lhes um trono glorioso; porque são de Javé as colunas da terra, e sobre elas firmou o mundo. Ele vela sobre os passos de seus fiéis, mas os ímpios morrerão nas trevas, pois ninguém triunfará por sua força. Os inimigos de Javé serão destruídos. Do céu contra eles trovejará, Javé julgará os confins da terra. A seu rei dará fortaleza, e exaltará o poder de seu Ungido (1Sm 2,1-10).

Seu filho Samuel permaneceu no templo servindo a Javé e ajudando o sacerdote Eli. Samuel tornou-se um profeta e foi o último dos juízes de Israel.

Supõe-se que tenha sido por um contato pessoal com as Sagradas Escrituras que Maria tomou conhecimento do cântico de Ana. Maria sempre foi uma mulher da escuta da Palavra. Por ter passado boa parte de sua vida com as outras virgens no Templo, ela deveria ter um bom conhecimento sobre as Sagradas Escrituras.

Documentos apócrifos dizem que o pai de Maria, Joaquim, cujo nome vem do hebraico e significa *preparação de Javé*, era um homem de posses, descendente do rei Davi. Conta-se que São Joaquim fora censurado pelo sacerdote Rúben por não ter filhos. Naquele tempo, os casais que não tinham filhos eram hostilizados, pois se pensava que estavam sem a graça de Deus. Ana, sua mulher, já era idosa e estéril. Na cultura judaica da época, a esterilidade era vista como maldição e motivo para o divórcio (cf. Dt 24,1). Confiando no poder divino, Joaquim retirou-se para o deserto, para ali orar e meditar. Afirma-se que um anjo do Senhor lhe apareceu, dizendo que Deus havia ouvido suas preces. Tendo voltado ao lar, algum tempo depois, Ana ficou grávida de Maria. O casal teria sido residente em Jerusalém, ao lado da piscina de Betesda, onde hoje se ergue a atual Basílica de Sant'Ana. E ali, num sábado do ano 15 a.C., segundo a tradição cristã, teria nascido uma filha que recebeu o nome de Miriam, que em hebraico significa *Senhora, Soberana*, traduzido para o latim como Maria.

Diz a tradição cristã que Joaquim morreu com a idade de 80 anos, quando Maria era ainda menina de doze anos. Até então, ela era aluna da escola do Templo de Jerusalém, onde fora oferecida aos três anos de idade. Maria passou mais de 10 anos na escola do Templo de Jerusalém, o que seria hoje o equivalente a um colégio interno, ou a uma escola para meninas. Essa experiência lhe rendeu um grande conhecimento das coisas de Deus, das tradições judaicas, das Escrituras Sagradas (Torá) e do papel da mulher na sociedade judaica, pois, não esqueçamos, Maria nasceu em uma família judaica e, com certeza, seguia os costumes da época, as tradições e o modo de se vestir.

Recordemos o contexto do Magnificat. Maria havia partido às pressas de Nazaré para a região montanhosa em Hebron, na Judeia, onde residia sua prima Isabel, descendente de Aarão, e seu esposo Zacarias, que era um sacerdote do templo. O anjo Gabriel, no momento da Anunciação, confidenciou a Maria que sua prima Isabel estava grávida. Isabel e Zacarias já tinham idade avançada, porém, para provar o amor de Deus, ela concebera um filho na velhice (João, o Batista). Maria, para amparar sua prima, partiu com a finalidade de ajudá-la, durante a gravidez e o pós-parto. Em sua jornada, percorreu aproximadamente cerca de 150 quilômetros. Não esqueçamos que a Bíblia narra que ela foi às pressas (Lc 1,39). Talvez essa informação nos passe despercebida, ou pensemos que a casa de Isabel seria nas proximidades da de Maria. Ela partiu da Galileia; atravessou a Samaria, até chegar à Judeia. Além da distância, outro fato relevante é o perigo da viagem. Esses territórios eram marcados por guerras e saques, dificultando ainda mais a viagem da Filha de Sião. Geralmente, os samaritanos atacavam os que passavam por seu território, principalmente quem fosse para Jerusalém, por causa de antigas rixas entre esses povos.

Esse "ir às pressas" significa que Maria estava ansiosa por compartilhar com sua prima a boa notícia de sua gravidez. Quanto mais ela sentia vontade de narrar as maravilhas que presenciara, mais ela apressava seus passos, pois queria chegar logo. Quando lá chegou, depois de uns dias, ela entrou depressa na casa de Zacarias e logo que avistou sua prima foi cumprimentá-la. Esse encontro foi assim narrado por São Lucas: "Logo que Isabel ouviu a saudação de Maria, o menino (João Batista) saltou em seu seio, e Isabel ficou cheia do Espírito Santo" (Lc 1,41). Com certeza, foi um momento de muita emoção, pois ambas estavam experimentando a Bondade e a Misericórdia de Deus. Não esqueçamos o que Isabel exclamou em alta voz para que toda a humanidade tomasse conhecimento: "Tu és bendita entre as mulheres e bendito é o fruto de teu ventre!" (Lc 1,42). Ela assim exclamou, pois, assim como o texto nos narra, estava cheia do Espírito Santo. Portanto, não foi Isabel quem reconheceu Maria como Bendita, e, sim, o próprio Espírito Santificador. Essa exclamação e acolhida aumentou a alegria da Virgem. Então, em êxtase profundo, Maria entoou seu cântico sublime: o Magnificat. E, dotada de espírito servidor, permaneceu com sua prima Isabel por três meses (Lc 1,56), até que esta deu à luz seu filho João.

Sobre a relação do cântico de Maria e a Eucaristia, afirmou São João Paulo II: "No Magnificat está presente a tensão escatológica da Eucaristia" (João Paulo II, in: *Ecclesia de Eucharistia*). Paralelos e analogias entre o cântico marial e o mistério eucarístico também foram feitos pelos Santos Padres e místicos dos primeiros séculos. Um hino eucarístico do século XIV, atribuído ao Papa Inocêncio, diz: *"Ave, verum corpus natum de Maria Virgine"* (Salve, ó verdadeiro corpo nascido da Virgem Maria). A Igreja reconhece que "Maria praticou a sua fé eucarística ainda antes de ser instituída a Eucaristia, quando ofereceu o seu ventre virginal para a encarnação do Verbo de Deus" (João Paulo II, in *Ecclesia de Eucharistia*), tornando-se o arquétipo do primeiro "sacrário" vivo da história, o qual acolheu, no tabernáculo de seu ventre, o corpo do Deus feito homem. Maria é mulher "eucarística" na totalidade de sua vida. Fato esse que deve ocorrer também conosco, pois devemos ser plenamente eucarísticos a ponto de nos tornarmos pessoas *eucaristizadas*. Reconhece a Igreja a presença de Maria em cada celebração eucarística e recomenda-a como inspiração na vivência do mistério eucarístico, para que nossa vida se assemelhe a de Maria e "seja toda ela um magnificat!" (João Paulo II, in: *Ecclesia de Eucharistia*). Devemos, pois, como cristãos batizados, entoar um magnificat "eucarístico", um louvor marial e espiritual a Deus por tudo aquilo que Ele realiza em nosso favor, reconhecendo que, ao dizer "A minha alma glorifica ao Senhor e meu espírito exulta de alegria em Deus meu Salvador", Maria traz no seu ventre Jesus. Louva o Pai "por" Jesus, mas louva-o também "em" Jesus e "com" Jesus. É nisso, precisamente, que consiste a verdadeira "atitude eucarística" (João Paulo II, in: *Ecclesia de Eucharistia*).

Sobre a dimensão profética do cântico do Magnificat, declarou o Papa Bento XVI: "O Magnificat é o cântico de louvor da humanidade redimida pela misericórdia divina, que eleva todo o povo de Deus; ao mesmo tempo, é o hino que denuncia a ilusão daqueles que se julgam senhores da história e árbitros do seu destino" (Bento XVI, na conclusão do mês de maio de 2012).

Meditações sobre os versículos do Magnificat

Para favorecer a meditação diária sobre o cântico entoado por Maria, dividimos o texto em nove versículos. Não se trata de uma novena, como as convencionais a que estamos habituados, mas de um percurso histórico, catequético e meditativo, que culminará na compreensão do texto e contexto do Magnificat e na promoção da devoção a Nossa Senhora. O Magnificat é uma riqueza que muitos desconhecem. O objetivo deste livro é difundi-lo e apresentá-lo a todos os fiéis, para que possam amar e conhecer a Santíssima Virgem. Pois somente podemos amar verdadeiramente aquilo que realmente conhecemos.

1º Dia

A minh'alma engrandece o Senhor e se alegrou o meu espírito em Deus, meu Salvador

Este é um convite a exaltarmos Deus, o Pai Criador. A exaltação é a manifestação da alegria, felicidade e contentamento com o Deus que concede a salvação ao gênero humano. Quando Maria se utiliza das palavras "Minh'alma engrandece o Senhor", ela queria expressar que estava extasiada, que uma felicidade imensa havia invadido seu ser e que tamanho era seu contentamento, que era impossível se expressar com outras palavras. Os sentimentos que tomaram conta de seu coração e sua mente devem ter deixado suas mãos trêmulas e seus olhos lacrimejantes. Creio que era tamanha a alegria, fazendo-a sentir em seu corpo uma espécie de energia, que corria freneticamente por dentro de si, gerando um grande prazer. Foi nesse momento de felicidade, junto a sua prima Isabel, que ela entoou seu cântico.

Para Maria tudo era novidade. É bem certo que tinha um conhecimento das profecias sobre a vinda do Messias, e sobre a mãe desse Messias. As palavras "Alegra-te, ó cheia de graça" (Lc 1,28) não lhe causaram espanto e, sim, uma alegria, um despertar de sentimentos. Assim que o anjo Gabriel anunciou-lhe que conceberia por ação do Espírito Santo, ela respondeu-lhe com um "sim", em postura de serva. Maria não adotou uma postura soberba, nem mesmo exigiu qualquer privilégio por parte de Deus. Seu primeiro ato, após a concepção do Filho de Deus, foi percorrer 150 quilômetros de Nazaré até a cidade de Judá, onde residia sua prima Isabel. Somente o espírito servidor (humilde) é capaz de engrandecer em Deus, pois esse é dotado de desprendimento e sua alegria é servir o Senhor. Assim nos ensinou Sto. Tomás de Aquino, ao dizer que "a humildade é o primeiro degrau para a sabedoria".

1º Dia - A minh'alma engrandece o Senhor e se alegrou o meu espírito em Deus, meu Salvador

ORAÇÃO

Santíssima Virgem do Magnificat, minha alma também se alegra em Deus, o Senhor, quando rezo convosco vosso hino. Em meu cotidiano, também encontro motivos para entoar um cântico de louvor, como, impulsionada pelo Espírito Santo, entoastes na ocasião caridosa da Visitação. Nossa Senhora, cujo espírito se alegra em Deus, rogai por nós. Amém.

2º Dia

Pois Ele viu a pequenez de sua serva, desde agora as gerações hão de chamar-me de bendita

O olhar de Deus para os humildes nos remete às Sagradas Escrituras, quando Jesus começou a ensinar as Bem-aventuranças (Mt 5,1-11). Recordemos algumas: "Bem-aventurados os pobres em espírito, porque deles é o Reino dos céus". Ou ainda "Bem-aventurados os de coração puro, porque verão a Deus". Lembremo-nos dos misericordiosos, a exemplo de Maria: "Bem-aventurados os misericordiosos, porque conseguirão misericórdia". O Pai é o Deus dos humildes: Ele olha e se volta para aqueles que a Ele se dedicam, sem interesse próprio; para aqueles que são fiéis por amor e não por temor; por alegria e não em busca de méritos ou honrarias. O fato de chamá-la de bendita é bem distinto de reconhecê-la como "deusa", alguém superior ou semelhante a Deus.

Maria sabe qual é o seu lugar; ela reconhece seus méritos diante de Deus; porém isso não a faz superior ou igual a seu Senhor. É certo que ela devia conhecer as profecias que falavam sobre a mãe do Emanuel. Com certeza, entre o povo (ou entre as virgens do Templo de Jerusalém), essa mulher seria uma Rainha, adornada de ouro e pérolas, vestindo os mais finos trajes, sua morada seria um palácio, muitos seriam seus servos e em sua mesa seriam servidos os mais lautos banquetes e saborosos manjares. Com certeza, uma interrogação ocupou sua mente: "Eu, Rainha?" E, por discernimento do Espírito Santo, ela compreendeu que seus adornos não seriam de ouro e, sim, seus predicados; que sua fina veste seria a Graça de Deus; que sua morada seria o coração do Altíssimo; que em lugar de escravos ela teria filhos; e que em sua mesa seria servido o banquete da ceia do Senhor, o manjar da Eucaristia. Ela será sempre bendita pelos méritos da maternidade divina, por ter sido escolhida como filha dileta de seu Criador. Chamá-la-ão bendita por ser a mãe de Jesus. É por causa do Filho que ela se tornou Rainha; pois a mãe é Rainha porque o Filho é o Rei.

Sua bem-aventurança foi confirmada quando ela visitou sua prima Santa Isabel: "Tu és bendita entre as mulheres" (Lc 1,42). Podemos até mesmo compará-la a Judite, uma figura do Antigo Testamento, a quem foi atribuída semelhante comparativo: "Bendita seja para sempre da parte do Senhor Onipotente" (Jt 15,10). Judite era uma jovem e virtuosa viúva, que salvou a cidade de Betúlia, graças a sua fé, esperteza, coragem e beleza. Uma mulher que venceu o soberbo, forte e violento; em sua simplicidade ela salvou sua cidade do cerco de Holofernes e de seu exército. Igualmente é Maria, a nova Judite, que, com sua humildade e fé, astúcia e beleza, vence o tirano satanás e esmaga a cabeça da serpente (cf. Gn 3,15). Igualmente, por ser virtuosa e bendita, ela se tornou "a nova arca que nos salvará do dilúvio do pecado" (Santo Afonso).

ORAÇÃO

Santíssima Virgem do Magnificat, vossa pequenez encantou os olhos do Altíssimo, por isso vos fez Mãe do Redentor. Dai-nos a graça virtuosa da humildade cristã, ao imitarmos vosso exemplo de serva. Todas as gerações vos proclamam Santa Maria não só por vossa Imaculada Conceição, mas também por vossa vida totalmente entregue à Divina Providência. Nossa Senhora da pequenez, da humildade, rogai por nós. Amém.

3º Dia

O Poderoso fez em mim maravilhas e Santo é o seu nome

O poder de Deus é recordado por Maria; ela lembra todo o poder do Criador expresso pela obra da criação: "Faça-se a Luz" (Gn 1,3), "Faça-se um firmamento" (Gn 1,6), "Façamos o ser humano a nossa imagem e semelhança" (Gn 1,26). Deus faz tudo a partir do nada, somente Ele é capaz de criar e dar vida, assim manifesta seu poder na beleza das flores, nas águas em cascata, na mansidão do cordeiro e na bravura do leão. A obra da criação é expressão visível do poder de Deus. O Deus que se manifestou aos Patriarcas, Abraão: "Sai de tua terra, de tua família e da casa de teu pai, e vai para a terra que te mostrarei. Farei de ti uma grande nação e te abençoarei; engrandecerei teu nome e tu serás uma bênção. Abençoarei os que te abençoarem e amaldiçoarei os que te amaldiçoarem. Em ti serão abençoadas todas as famílias da terra" (Gn 12,1-3). Ou a Moisés: "Eu sou o Deus de teu pai; o Deus de Abraão, de Isaac e o Deus de Jacó... Eu vi, eu vi a miséria de meu povo no Egito e ouvi o clamor que lhe arrancam seus opressores; sim, conheço suas aflições. Desci para libertá-lo das mãos dos egípcios e levá-lo daquela terra para uma terra boa e espaçosa, terra onde corre leite e mel" (Êx 3,7-8).

Na história da salvação foram diversos os que tiveram um encontro pessoal com Deus – não face a face, pois ninguém jamais o viu–, uma experiência magnífica, em que a criatura contempla seu Criador. Também Maria compartilhou dessa experiência. Deus se manifestou a sua pequena serva, a mulher simples de Nazaré, a Filha de Sião. É grandioso o fato de se estar na presença de Deus; porém fato maior lhe acorrerá, a encarnação do Verbo (cf. Jo 1,1-5). Com esse versículo, Maria reconhece que, por meio dela, Deus, tomando seu consentimento (*Fiat*), realizou grandes feitos, não para si própria, mas pelos méritos de Deus-Filho: Jesus Cristo.

A criatura gerou seu Criador; pelos méritos da maternidade divina, ela se tornou a mãe do Criador. Maria não gerou Deus, em sentido de haver criado Deus-Pai, pois o Pai já existia antes de todos os tempos. Ele não foi criado ou concebido; Ele apenas é; Ele foi; Ele é e será; para Deus não existe tempo cronológico ou espaço físico; não há passado, presente ou futuro; simplesmente Ele existe a partir do nada e em função do tudo. Isso nos remete ao primeiro dogma mariano: Maria, mãe de Deus, proclamado no Concílio de Éfeso em 431 d.C. Em Maria, Deus fez grandes realizações. É bem conhecida a passagem das bodas em Caná (cf. Jo 2,1-11); ali Jesus realizou seu primeiro milagre, graças a um pedido de sua mãe. Suas palavras fazem sentido na atualidade: "Fazei tudo o que Ele vos disser" (Jo 2,5). Ainda é preciso fazer tudo o que Ele continua a nos dizer. Seja pelo intermédio de Maria ou pelo mandato do próprio Cristo. Fazer da terra um lugar melhor, não necessariamente o Paraíso, mas um local onde impere a paz, a justiça e a igualdade. Maria reconhece e honra o nome de Deus; em respeito ao segundo mandamento do decálogo (cf. Dt 5,11), ela não se utilizou do nome próprio de Deus, Iahweh (Javé, cf. Êx 3,16); substituiu-o por Senhor. Por quê? Bem certo, ela julgava não caber na pequenez de seus lábios nome tão grande; e, tomada de reverência, não ousava pronunciar a palavra "Iahweh".

3º Dia – O Poderoso fez em mim
maravilhas e Santo é o seu nome

ORAÇÃO

Santíssima Virgem do Magnificat, em quem o Poderoso fez maravilhas, auxiliai-nos na vida cristã, queremos também enxergar as maravilhas que Deus faz em nossas vidas. Aquele, cujo nome é Santo, concedeu-vos honra de interceder pelos seus filhos, intercedei, pois, por todos aqueles que anseiam reconhecer os sinais de Deus no cotidiano. Nossa Senhora das Maravilhas Divinas, rogai por nós. Amém.

4° Dia

Seu amor, de geração em geração, chega a todos que o respeitam

O amor e a misericórdia de Deus são transmitidos de pai para filho. Uma geração narra à outra os grandes feitos do Senhor. De Adão a Maria é manifestado o olhar paternal de Deus. Recordemos alguns personagens da genealogia de Jesus. A começar por Adão, a quem Deus manifestou seu amor o criando do pó da terra e demonstrando sua misericórdia quando lhe concedeu uma companheira: Eva. Apesar do Pecado Original e de Adão e Eva não habitarem mais o Éden (cf. Gn 3,23), Deus nunca os abandonou. Ele sempre aceitou as ofertas de seus filhos Caim e Abel (cf. Gn 4,3-4). Não nos esqueçamos de Noé, que pôs em prática o plano da arca (hebraico "Thebah"), que resgatou da fúria das águas um casal de cada animal (cf. Gn 7,2); recordemos o amor de Deus demonstrado a ele, salvando sua família. A arca abrigou sua esposa e seus filhos (cf. Gn 7,13). O compromisso firmado com Noé consistia em salvá-lo e a sua família (oito pessoas ao todo), além dos animais. Deus firmou um compromisso de amor. Por misericórdia, concedeu a Noé e a sua família a oportunidade de repovoar a humanidade. Foi como se Ele repetisse as palavras ditas anteriormente a Adão: "Sede fecundos e multiplicai-vos, dominai a terra" (Gn 1,28).

Abraão também é um personagem que provou da bondade de Deus, quando Ele lhe concedeu Isaac já na velhice. E experimentou a misericórdia do Criador quando Ele rejeitou seu filho (Isaac) em sacrifício (cf. Gn 22,12). Façamos memória de Moisés, a quem Deus demonstrou seu amor, quando libertou seu povo da mão opressora do Faraó do Egito, e sua misericórdia em vários momentos: quando enviou o maná do céu; quando fez brotar água da rocha; quando entregou o Decálogo; quando permitiu que Moisés avistasse, mesmo que ao longe, a terra prometida, Canaã (cf. Dt 3,27).

As gerações que se sucederam de Adão até Maria, e de Maria até seu filho, provaram do amor e da misericórdia do Criador. Todo esse amor e essa misericórdia podem ser lidos nas páginas das Sagradas Escrituras, que foi o meio que o homem encontrou para perpetuar e difundir o amor incondicional de Deus. O Pai Eterno se compromete com os seus; Ele fez aliança com nossos pais; Ele a mantém conosco e a estende a nossos descendentes, na certeza de que todos o adoraremos e o reconheceremos como o Deus único, o Santo de Israel. Assim, Ele fará maravilhas em nossas vidas; pois o respeitamos como o respeitou Maria. Esse versículo refere-se à memória de Nossa Senhora, que não será apagada jamais, pois as gerações, uma após a outra, cantarão os seus louvores.

ORAÇÃO

Santíssima Virgem do Magnificat, o amor de Deus cobriu-vos com sua sombra protetora, qual manto real estendido. Esse mesmo amor, de geração em geração, não se cansa de amar a humanidade. Ajudai-nos a viver e respeitar esse amor divino com a mesma intensidade vossa. Nossa Senhora do Amor de Deus, rogai por nós. Amém.

5° Dia
Demonstrou o poder de seu braço, dispersou os orgulhosos

Sobre este poder, adverte-nos o Doutor Angélico: "Em Deus o poder e a essência, a vontade e a inteligência, a sabedoria e a justiça são uma só e mesma coisa, de sorte que nada pode estar no poder divino que não possa estar na vontade justa de Deus ou em inteligência sábia" (Sto. Tomás de Aquino, S. Th. I, 25,5, ad 1. In: CIC, n. 271, p. 81). A ação do poder de Deus é a misericórdia, a justiça; e quem mais experimentou esse poder foi Maria: "O poderoso fez em mim maravilhas" (Lc 1,49). A demonstração do poder de Deus pode ser feita de diversas formas; ao longo de toda a história da humanidade Ele interveio e caminhou junto a seu povo; a ponto de permitir que seu Filho se encarnasse e experimentasse a fragilidade da vida humana. Um

Deus presente no tempo e na história. Foi pelos méritos da Encarnação que Maria entoou seu Magnificat; e ele nada mais é que a proclamação do poder de Deus.

Em um breve apanhado histórico das Sagradas Escrituras, no Antigo Testamento, observamos o poder de Deus, que criou tudo a partir do nada; que criou o homem, Adão. Que, para reparar a indisciplina e a imoralidade, envia sobre a terra o dilúvio, para lavá-la dos pecados e imundícies; ao mesmo tempo, vemos que fez passar, a pé enxuto, pelo mar o povo hebreu. "Ele faz tudo o que quer" (Sl 115,3). O poder de Deus é a Justiça, a qual define o Catecismo como: "a virtude moral que consiste na vontade constante e firme de dar a Deus e ao próximo o que lhes é devido" (CIC n. 1807, p. 486).

Deus dispersa os orgulhosos, pois em seu reino de amor não há espaço para aqueles que exageram no amor próprio e se esquecem do amor ao próximo (cf. Mt 22,39). Deus não exige de nós grandes feitos, Ele apenas deseja que nós nos amemos como irmãos, que reconheçamos no outro a imagem e semelhança do Criador, na qual todos foram criados. No Reino de Deus, não há espaço para aqueles que se julgam superiores, os altivos. O Reino de Deus foi preparado para os bons, para os servos fiéis e desprendidos; para todos aqueles que praticam as bem-aventuranças (cf. Mt 5,3-12). Distanciar-se de Deus é viver em condição de "inferno", ausente da graça santificante. Para participarmos das alegrias do Reino é necessário estarmos ligados ao próximo e a Deus, assim como o ramo está ligado ao tronco (cf. Jo 15,1-8). Que a exemplo de Maria, possamos ser humildes e não orgulhosos, praticantes das bem-aventuranças, pois só assim teremos um lugar preparado no Reino idealizado por Deus. Reino esse que não há espaço para aqueles que possuem um amor próprio demasiado. Bem o disse Santo Agostinho: "O orgulho é a fonte de todas as fraquezas, porque é a fonte de todos os vícios".

ORAÇÃO

Santíssima Virgem do Magnificat, por quem Deus enviou seu Filho Redentor, o Príncipe da Paz e Senhor da Justiça, acompanhai os cristãos no desempenho das virtudes evangélicas para a edificação do Reino de Deus, preludiado em nosso meio como sinal escatológico daquilo que virá. Que o orgulho humano não retire de nós a santidade e o compromisso com Cristo e sua Igreja, para um mundo mais cristão. Nossa Senhora da alegria servidora, rogai por nós. Amém.

6° Dia
Derrubou os poderosos de seus tronos e os humildes exaltou

Um só será aquele que ocupará o trono, o Pai, o Deus Criador, e a sua direita está reservada a Jesus. Desde a ascensão até a eternidade, Jesus ocupa este lugar, que lhe é devido. Essa doutrina se encontra descrita na oração do Credo: "Está sentado à direita de Deus-Pai, todo-poderoso" (Símbolo dos Apóstolos); e ela se embasa na visão do Diácono Sto. Estevão, que, enquanto estava sendo apedrejado, contemplou no céu essa magnífica visão: "Estou vendo os céus abertos e o Filho do homem de pé à direita de Deus" (At 7,56). Deus é o Pai dos humildes, e, em Jesus, contemplamos essa bondade; Ele fez-se humilde, esvaziou-se de sua divindade; igualou-se a nós em nossa humanidade – exceto no pecado –, para que assim pudesse conquistar o homem[1].

---

[1] "Jesus Cristo possui duas naturezas, a divina e a humana, não confundidas, mas unidas na única Pessoa do Filho de Deus." CIC n. 481, p. 136.

Asseverou Sto. Agostinho: "Simular humildade é ser soberbo". Ser humilde é reconhecer em si a fraqueza humana, bem como sua fragilidade.

Quando Deus derruba de seus tronos os soberbos, Ele pede àqueles que ocuparão o novo lugar vago a virtude da humildade, que tenha o dom de olhar com amor o próximo. Somente quando nos esvaziarmos é que nos permitiremos encher de Deus; sendo pequeno, seremos grandes; sendo os últimos para sermos os primeiros. A resignação é a marca dos filhos de Deus. Exaltar na humildade, reconhecê-la não é vaidade ou vanglória, é antes de tudo alegria por servir.

Esse versículo, nos lábios da Virgem, representa uma convocação para a humildade, para o desprendimento e para a autodoação. No reino de Maria[2], não há lugar para aqueles que governam com um coração soberbo, para

---

[2] Termo apresentado por São Luis Maria Grignion de Montfort (1673-1716), em sua obra: *Tratado da Verdadeira Devoção a Santíssima Virgem*.

aqueles que se julgam maiores que Deus, senhores da história e que dominam pelo látego da ideologia. Somente aquele que pratica a abnegação poderá ocupar o lugar no trono que Deus reserva aos humildes. Bem certo, disse Santo Afonso de Ligório: "Quando nos vemos mais favorecidos por Deus, mais devemos ser humildes". É a convocação universal o amor ao próximo; é parar, refletir e buscar meios para se criar um mundo melhor, onde o bem comum seja a primazia. Por sua vida e dedicação, Maria ocupa um lugar especial na presença de Deus. Ela ocupa o trono destinado àqueles que mais amaram. Neste mundo, ninguém amou e dedicou-se mais a Deus. Por isso, foi coroada eternamente como *Regina cœli*. Maria jamais será destronada, pois é a Imperatriz, a Rainha Mãe, a Senhora. Ou, simplesmente, o que significa a tradução de seu nome: Soberana.

ORAÇÃO

Santíssima Virgem do Magnificat, muitos são os tronos hodiernos, nos quais estão sentados aqueles que favorecem a maldade, as guerras, a miséria e tantas chagas sociais, que afetam os destinatários privilegiados do Evangelho: os pobres, os humildes. *Mater Domini*, fortalecei, com vossa intercessão, nossa ação social cristã em favor da vida em plenitude, a qual está acima de todos os modelos de tronos que difundem o desrespeito ao próximo, ao qual Cristo nos pede que amemos. Nossa Senhora dos humildes, rogai por nós. Amém.

7° Dia
De bens saciou os famintos e despediu sem nada os ricos

Deus sacia os que têm fome, em especial aqueles cuja fome é de justiça. Ele se volta para a boca que clama e escuta o lamento do sofredor. Seja ele quem for, indistintamente, Deus não faz acepção de pessoas. No Reino da Trindade não há lugar para a luta de classes. Essa citação do Magnificat nos recorda um dos pedidos do Pai nosso: "O pão nosso de cada dia nos dai hoje". Muitos são os pães que nos saciam, e diversa é a fome que sentimos. O homem precisa obter seu sustento, precisa contemplar sua mesa repleta; o pai de família não se tranquiliza enquanto não vê seus filhos saciados; o pai ou a mãe são capazes de dar o último pedaço de pão a seu filho e dizerem que estão satisfeitos, só para não o verem faminto. Igualmente, foi Jesus, que se doou e se entregou em forma de pão, o mais simples e acessível dos alimentos, isso para que todos tivessem a oportunidade de se achegar a Ele.

Temos fome de fé, fome de Deus, fome da Sagrada Escritura e fome do próximo. Quando temos esse tipo de fome, não podemos nos saciar com qualquer coisa; não são as ideologias do mundo que nos alimentarão. Devemos buscar o alimento verdadeiro: a Eucaristia! Só em Deus nossa fome será realmente exterminada. O Senhor dispersa os soberbos de mãos vazias, pois seu orgulho não lhes permite pedir alguma coisa que seja. A vaidade não permite que nos transformemos em "pedintes" ou "miseráveis" a suplicar por alimento, como aquele administrador da parábola: "de mendigar tenho vergonha" (Lc 16,3). A vaidade é o pior mal que pode tomar o coração do homem; ela é o desejo de atrair a admiração das outras pessoas. Uma pessoa vaidosa cria uma imagem pessoal para transmitir aos outros, com o objetivo de ser admirada; isso se torna um desequilíbrio da autoestima, criando uma dupla personalidade que demonstra com extravagância seus pontos positivos e esconde seus pontos negativos.

Uma pessoa vaidosa pode ser egoísta e gananciosa, por querer obter tudo para si. Da vaidade nasce o orgulho, a soberba. A vaidade é considerada o mais grave dos pecados capitais; junto a ela está a soberba. Segundo Sto. Tomás de Aquino, a soberba é um pecado tão grandioso que é fora de série, devendo ser tratada em separado do resto, merecendo uma atenção especial. Tal pecado é um sentimento negativo, caracterizado pela pretensão de superioridade sobre as demais pessoas, levando a manifestação ostensiva de arrogância, por vezes, sem fundamento algum em fatos ou variáveis reais. O termo provém do latim "superbia". A soberba não é privilégio dos ricos. Os pobres também podem experimentar a soberba ao se considerarem especiais, buscando fingir serem o que não são. Não só por meio de bens materiais, muitas vezes a pessoa pode se sentir superior aos outros por acreditar que é o melhor no que faz, no que decide e em sua capacidade de resolver situações. O gênero humano, independente de classe, está sujeito a tal pecado. São essas atitudes que Deus rejeita. Por isso, Ele dispensa os soberbos de mãos vazias, não necessariamente dispensará um rico, pelo fato de ser rico, de possuir bens conquistados ou herdados; há necessidade de averiguar a procedência dessa riqueza. Deus não compactua com o ilícito. Ele dispensará aquele em quem habitar o sentimento da vaidade excessiva e da soberba fulminante. A Deus não se aplica adjetivos. Por exemplo quando dizemos: Deus é justo. O correto é dizer: Deus é Justiça. Ele não é o efeito do adjetivo (amoroso, bondoso e misericordioso), Ele é o conceito em sua essência (Amor, Bondade e Misericórdia).

7º Dia – De bens saciou os
famintos e despediu sem nada os ricos

ORAÇÃO

Santíssima Virgem do Magnificat, muitos são os famintos, os que sentem fome de Deus e do pão material. É um bem para a vida humana e cristã a prática da fé, por meio dos sacramentos e alimentação adequada. Intercedei por todos os cristãos que trabalham na evangelização e nas obras de caridade cristã. Nossa Senhora do Bem Maior, que é Deus, rogai por nós. Amém.

8° Dia
Acolheu Israel, seu servidor, fiel ao seu amor

Deus acolheu o universo, que é o Israel espiritual. Em todos os cantos Ele se faz presente, através do dom da onipresença. Quando somos fiéis em nosso amor para com Deus e para com nosso próximo, Ele se faz presente a nosso lado, em nosso interior e em nossa vida. Ser fiel a Deus é buscar fazer em tudo a vontade dele; e assim o fez Maria. Sobre agradar a Deus, adverte-nos Sto. Afonso de Ligório: "Fazer a vontade de Deus é fazer o que Deus quer e querer o que Deus faz". Maria acolheu em seu projeto de vida pessoal o projeto salvífico de Deus, ela o agradou por seu *Fiat* (sim) incondicional.

Quando dizemos que Deus acolheu, queremos dizer que Deus hospedou em seu amor um povo; na linguagem bíblica, o povo de Israel; na tradução exegética, a humanidade. Israel significa povo escolhido, toda a humanidade convidada a viver os pilares básicos do Reino de Deus na vida e na condição em que se encontra (do meio, pelo meio). Reino este que fora proposto por Jesus e por Ele muitas vezes citado nas páginas das Sagradas Escrituras. Semelhante ao acolhimento de Maria em Deus, também nós nos acolhemos (recolhemos) em Maria, na confiança de ela nos levar até Deus. Sobre essa confiança de ela homem em Maria, assim nos disse Bento XVI: "Em todos os tempos e lugares, quando os cristãos se dirigem a Maria, deixam-se espontaneamente guiar pela certeza de que Jesus não pode recusar os pedidos que lhe apresenta sua Mãe e apoiam-se na confiança inabalável de que Maria é, ao mesmo tempo, também nossa Mãe: uma Mãe que experimentou o maior sofrimento de todos, que conhece conosco todas as nossas dificuldades e pensa, de modo maternal, para a superação delas"[1]. Ainda reitera o Santo

---

[1] Discurso de Bento XVI nas Vésperas Marianas em Etzelsbach, 23-9-2011.

8° Dia – Acolheu Israel, seu servidor, fiel ao seu amor

Padre: "Em Maria, Deus fez concorrer tudo para o bem, e não cessa de fazer com que, por meio de Maria, o bem se espalhe ainda mais no mundo"[2].

Com esse versículo marial, meditemos que devemos nos acolher em Deus, assim como o fez Maria. O meio mais rápido é o próximo, pois todos nós fomos feitos à imagem e à semelhança de Deus; servindo e acolhendo o outro, eu estou servindo e acolhendo a Deus. São Francisco de Sales nos ensina que: "A grande fidelidade a Deus se demonstra nas pequeninas coisas". E assim fez Nossa Senhora, sendo fidelíssima nas coisas pequenas do cotidiano da casa de Nazaré. Com ela aprendemos que cada momento, ao longo de nosso dia, é momento para agradecer a Deus os benefícios que Ele, em seu amor incondicional, concede-nos. Maria é a serva fiel do Eterno Pai; ninguém melhor que ela poderá nos ensinar o caminho da fidelidade.

---

[2] Ibidem.

ORAÇÃO

Santíssima Virgem do Magnificat, que aprendestes do próprio Deus que acolher bem também é testemunhar o Evangelho. Convosco queremos, da mesma forma, ser acolhedores e acolhedoras em nossas comunidades, na família e nos demais ambientes em que estivermos inseridos. Nossa Senhora da Acolhida, rogai por nós. Amém.

9° Dia

Como havia prometido aos nossos pais, em favor de Abraão e de seus filhos para sempre

A promessa de Deus se fez realidade no *Fiat* (sim) perene e corredentor da Virgem de Nazaré, que ecoa desde a ocasião da Anunciação até os dias de hoje como forte canção do Mistério da Encarnação. Maria reza no Magnificat essa frase porque acredita na libertação que vem com o Messias esperado. Seu parentesco divino com nosso Senhor não a faz esquecer-se de suas raízes judaicas; por isso ela, agradecida e extasiada, remete-se àqueles que precederam o povo de Israel na fé, ou seja, os pais, o patriarca Abraão e sua descendência, da qual ela é oriunda. Maria, nova Eva da Nova Aliança, dá-nos o bom fruto da salvação, que é Cristo Jesus, Deus Conosco, promessa cumprida pelo Deus bíblico. A fé herdada de seus pais, Joaquim e Ana[1], era a fé do

---

[1] Segundo a Tradição da Igreja e os Evangelhos Apócrifos, estes eram os nomes dos pais de Maria.

Deus de Abraão, Isaac e Jacó. Uma fé enraizada na história do povo de Israel. Povo que, a comando de Moisés, caminhou 40 anos no deserto à procura da terra prometida.

Na Ladainha Lauretana, encontramos uma invocação que a exalta como Rainha dos Patriarcas. Essa invocação faz um paralelo entre Maria e os Patriarcas do Antigo Testamento; pois nela se cumpriu tudo o que fora prometido aos patriarcas, e a ela coube anunciar, no Novo Testamento, já não mais a libertação, e, sim, a redenção e a salvação. Nela se realizou a fé de Abraão e toda a esperança de Isaac; por meio dela o nó deixado por Eva foi desatado. Assim como Moisés trouxe do Monte Sinai as tábuas da Lei, Maria trouxe ao mundo a Lei encarnada: Jesus. "Maria, és a arca da nova aliança, porto seguro para os náufragos, consolo dos afligidos, fortaleza dos enfermos e alegria para o mundo inteiro"[2].

---

[2] Santo Afonso Maria de Ligório, *Visitas a Jesus Sacramentado e a Nossa Senhora*.

9º Dia – Como havia prometido aos nossos pais, em favor de Abraão e de seus filhos para sempre

Assim como Noé refugiou os animais e sua família na arca durante o dilúvio, Maria se fez arca e nos salvou do dilúvio do pecado. E ainda como prefigurada por Abraão, que ofereceu seu filho Isaac em holocausto a Deus, igualmente ela o fez com Jesus, oferecendo-o no holocausto da cruz. Se estudarmos a genealogia de Maria, veremos que ela descende dos grandes pais na fé: Adão, Noé, Abraão, Isaac, Jacó, Davi etc. Em Maria, concretiza-se tudo o que Deus prometera a cada um dos Patriarcas, Profetas e Justos. Pelo testamento da cruz, somos descendentes de Maria; por isso, em seu amor, Deus nos cumulará de bens e cumprirá a promessa firmada por meio da Nova Aliança. Aliança eterna firmada na cruz, assinada com o sangue do Filho e tendo por testemunha Maria, que ali permaneceu de pé. "Acaso pode a mãe se esquecer de seu filho, pode ela deixar de ter amor pelo filho de suas entranhas? Ainda que ela se esqueça, Eu (Deus), não me esquecerei de você" (cf. Is 49,15).

ORAÇÃO

Santíssima Virgem do Magnificat, que acreditastes na promessa do Senhor Deus e dissestes vosso sim a seu projeto salvífico na história da Salvação, ajudai-nos a renovar diariamente nosso sim, em cada vocação específica que enriquece a Igreja, querida pelo Pai, fundada pelo Filho e santificada pelo Espírito Santo. Nossa Senhora da confiança, rogai por nós. Amém.

Apêndices

A importância da devoção mariana na vida da Igreja

Devoção significa sentimento religioso, piedade. Importância quer dizer grande valor. Essas duas palavras se relacionam de forma teológica propícia e interessante quando se referem a uma figura seminal apresentada pela Sacra Página (Sagrada Escritura) no desenvolver da história da Salvação. A figura bíblico-histórica é Maria de Nazaré, a mulher bendita entre todas, a nova Eva, a Santíssima Virgem Imaculada, a quem a Igreja presta um culto de veneração todo especial.

Diz a Constituição Dogmática *Lumen Gentium*:

> "A Igreja, contemplando a santidade misteriosa de Maria, imitando a sua caridade e cumprindo fielmente a vontade

> do Pai pela Palavra de Deus fielmente recebida, torna-se também ela mãe: pela pregação e pelo Batismo gera, para uma vida nova e imortal, os filhos concebidos do Espírito Santo e nascidos de Deus. E é também Virgem, que guarda a fé jurada ao Esposo, íntegra e pura; e, à imitação da mãe do seu Senhor, conserva, pela graça do Espírito Santo, virginalmente íntegra a fé, sólida a esperança e sincera a caridade" (*Lumen Gentium*, n. 64).

Maria prefigura, em sua vida exemplar, a imagem da própria Igreja, esposa de Cristo; por isso sua devoção, espalhada por todo o mundo cristão em cada santuário, ao seu patrocínio dedicado, é fonte virtuosa que educa os fiéis cristãos na prática das virtudes teologais e, principalmente, na eclesialidade, elemento essencial para uma catolicidade vigorosa, evangélica e missionária. Quanto mais a Igreja se aproxima de Nossa Senhora, tanto mais ela se torna santa diante de Deus, que a quis, e da humanidade que ela apascenta por mandato divino de seu fundador, nosso Senhor Jesus.

Assim expressa São Luís Maria de Montfort na obra *Tratado da Verdadeira Devoção à Santíssima Virgem*: "Esta devoção (a Maria) é um meio seguro para ir a Jesus Cristo, porque é próprio da Santíssima Virgem conduzir-nos com segurança a Ele, como é próprio de Jesus conduzir-nos seguramente ao eterno Pai"[1]. Contemplando e celebrando na liturgia da vida e do altar as glórias de Maria, a Igreja enxerga, na face maternal da Mãe do Redentor, a sua específica fisionomia de ser mãe e educadora da cristandade, conduzindo, de maneira sacramentada, o povo de Deus ao encontro escatológico do Verbo humanizado e revelado na história do homem.

Marcos Cassiano Dutra

---

[1] São Luís Maria de Montfort, *Tratado da Verdadeira Devoção*, n. 164.

Maria engrandece o Senhor, que age nela

Das Homilias de São Beda, o Venerável, presbítero
(Séc. VIII)

"Minha alma engrandece o Senhor e exulta meu espírito em Deus, meu Salvador" (Lc 1,46). Com essas palavras, Maria reconhece, em primeiro lugar, os dons que lhe foram especialmente concedidos; em seguida, enumera os benefícios universais com que Deus favorece, continuamente, o gênero humano.

Engrandece o Senhor a alma daquele que consagra todos os sentimentos de sua vida interior ao louvor e ao serviço de Deus; e, pela observância dos mandamentos, revela pensar sempre no poder da majestade divina. Exulta em Deus, seu Salvador, o espírito daquele que se alegra apenas na lembrança de seu Criador, de quem espera a salvação eterna.

Embora essas palavras se apliquem a todas as almas santas, elas adquirem, contudo, a mais plena ressonância ao serem proferidas pela santa Mãe de Deus. Ela, por singular privilégio, amava, com perfeito amor espiritual, aquele cuja concepção corporal em seu seio era a causa de sua alegria.

Com toda a razão, pôde ela exultar em Jesus, seu Salvador, com júbilo singular, mais do que todos os outros santos, porque sabia que o autor da salvação eterna havia de nascer de sua carne por um nascimento temporal; e, sendo uma só e mesma pessoa, havia de ser, ao mesmo tempo, seu Filho e seu Senhor.

"O Poderoso fez em mim maravilhas, e santo é o seu nome!" (Lc 1,49). Maria nada atribui a seus méritos, mas reconhece toda a sua grandeza como dom daquele que, sendo por essência poderoso e grande, costuma transformar seus fiéis, pequenos e fracos, em fortes e grandes.

Logo acrescentou: "E santo é o seu nome!" Exorta assim os que a ouviam, ou melhor, ensinava a todos os que viessem a conhecer suas palavras que, pela fé em Deus e pela invocação de seu nome, também eles poderiam participar da santidade divina e da verdadeira salvação. É o que diz o Profeta: "Então, todo aquele que invocar o nome do Senhor será salvo" (Jl 3,5). É precisamente esse o nome a que Maria se refere ao dizer: "Exulta meu espírito em Deus, meu Salvador".

Por isso se introduziu na liturgia da santa Igreja o costume belo e salutar de cantarem todos, diariamente, este hino na salmodia vespertina. Assim, que o espírito dos fiéis, recordando frequentemente o mistério da encarnação do Senhor, entregue-se com generosidade ao serviço divino e, lembrando-se constantemente dos exemplos da Mãe de Deus, confirme-se na verdadeira santidade. E pareceu muito oportuno que isso se fizesse na hora das Vésperas, para que nossa mente, fatigada e distraída ao longo do dia por pensamentos diversos, encontre o recolhimento e a paz de espírito ao aproximar-se o tempo do repouso.

Por que maio é o mês de Maria?

Devoto de Maria que sou, fui tomado por uma curiosidade repentina, que me encabulava. Perguntei-me como deveria ter surgido a dedicação do mês de maio a Nossa Senhora. Com certeza, talvez essa pergunta tenha passado por nossas mentes muitas vezes... Como fiel devoto da Virgem Maria, irei ajudá-los a descobrir como maio se tornou o mês de Maria. Maio é o quinto mês do ano civil. No Hemisfério Norte, por volta do dia 21 de março, dá-se o início da primavera, enquanto no Hemisfério Sul, vive-se o outono.

Com estudos e pesquisas, cheguei à conclusão de que a devoção de dedicar esse mês a Virgem tenha surgido por volta do século XIII, na Europa, em um período de grande "marianismo". Concluí que, mais ainda por uma questão climática, maio é o mês das flores e se encontra na plenitude da primavera. Nesse tempo, as árvores florescem e os jardins se ornam com flores de todos os tamanhos, odores e cores. Para homenagear a Mãe do Filho de Deus, alguém muito sabiamente escolheu esse mês por ser ele todo florido, fazendo um comparativo de Maria: "A flor mais bela do jardim de Deus!" E, pessoalmente, acredito que essa dedicação se reforçou pela semelhança das palavras: Maio e Maria.

Depois da dedicação do mês de maio a Maria, já no século XIX, vemos que, durante o mês inteiro, tinha-se por costume prestar culto (coroações e ofícios) às imagens de Nossa Senhora. Crianças vestidas de anjos, que homenageavam Maria, Virgem e Rainha, colocando-lhe véu, palma e rosário, à frente dos fiéis reunidos, enquanto cantavam cânticos e hinos a ela dedicados. No final, era coroada a imagem, e as crianças jogavam sobre ela pétalas de flores. Historiadores dizem que as coroações das imagens de Nossa Senhora se espalharam depois de 1849, pela ação dos Padres Lazaristas e das Irmãs da Caridade, que adotaram tais práticas em seus colégios (internatos). Não que elas não existissem antes, porém não eram tão divulgadas nem possuíam ritos próprios para tal cerimônia, que foram aprovados, posteriormente, pela Congregação para o Culto Divino e a Disciplina dos Sacramentos, com cerimônia anexa ao Pontifical Romano.

Dedicar um mês a Maria, com certeza, é uma prática bem antiga, chega a ser difícil ter uma precisão de data; é antes de tudo algo que faz parte da tradição do povo, que nas igrejas e capelas do mundo inteiro lhe dedicam ofícios, ladainhas, terços e as belas coroações. Essa é a maneira carinhosa de reconhecermos aquela que trouxe ao mundo o Filho de Deus (cf. Lc 1,26-38), pois não há "Jesus sem Maria e Maria sem Jesus".

Ao recordarmos a Mãe, estamos recordando o Filho, pois quem prestigia a Mãe, certamente, prestigia o Filho. Durante o mês de maio, dedique a Maria orações e preces e participe sempre dessa tradição popular que presta essa bela homenagem à Serva do Senhor. Não nos esqueçamos das palavras do célebre Doutor da Igreja, Santo Afonso Maria de Ligório: "Um verdadeiro devoto de Maria Santíssima jamais se perde".

André Luiz Oliveira

Orações Marianas

Eu vos saúdo, ó Maria

Eu vos saúdo, ó Maria. Vós sois a esperança dos cristãos. Recebei a súplica de um pecador que vos ama ternamente, honra-vos de um modo particular e em vós põe toda a esperança de sua salvação. De vós recebi a vida, pois me restabelecestes na graça de vosso filho. Sois o penhor certo de minha salvação. Rogo-vos, pois, que me liberteis do peso de meus pecados, que dissipeis as trevas de minha inteligência, que desterreis os afetos terrenos de meu coração, que reprimais as tentações de meus inimigos e que governais de tal sorte minha vida que eu possa, por vosso intermédio e debaixo de vossa proteção, chegar à felicidade eterna no paraíso. Amém. (São João Damasceno)

Lembrai-vos

Lembrai-vos, ó piíssima Virgem Maria, que nunca se ouviu dizer que algum daqueles que têm recorrido a vossa proteção, implorado vossa assistência e reclamado vosso socorro, fosse por vós desamparado. Animado eu, pois, com igual confiança, a vós, ó Virgem entre todas singular, como Mãe recorro, de vós me valho e, gemendo sob o peso dos meus pecados, prostro-me a vossos pés. Não rejeiteis as minhas súplicas, ó Mãe do Verbo de Deus humanado, mas dignai-vos de as ouvir propícia e de me alcançar o que vos rogo. Amém. (São Bernardo de Claraval)

Oração a Nossa Senhora para obter uma boa morte

Ó Maria, doce refúgio dos pobres pecadores, quando soar para minha alma a hora de sair deste mundo, vinde em meu socorro com vossa misericórdia, ó Mãe cheia de doçura. Fazei-o pelas dores que sentistes ao pé da cruz, na qual morria vosso Filho. Afastai então de mim o infernal inimigo, e vinde receber minha alma e apresentá-la ao eterno Juiz. Ó minha Rainha, não me desampareis. Vós haveis de ser, depois de Jesus, meu conforto neste terrível momento. Obtende-me da bondade de vosso Filho a graça de morrer eu abraçado a vossos pés e de exalar minha alma dentro de suas sacratíssimas chagas, dizendo: Jesus e Maria, eu vos dou o meu coração e a minha alma. Amém. (Santo Afonso Maria de Ligório)

Tota pulchra es, Maria

Toda sois formosa, ó Maria, e mácula original não há em vós; sois a glória de Jerusalém, a alegria de Israel, a honra de nosso povo, a advogada dos pecadores. Ó Maria, Virgem prudentíssima, Mãe clementíssima, rogai por nós, intercedei por nós a Nosso Senhor Jesus Cristo. Vós fostes, ó Virgem, Imaculada em vossa Conceição. Rogai por nós ao Pai, cujo Filho destes à luz. Oremos: Ó Deus, que pela Imaculada Conceição da Virgem Maria, preparastes a Vosso Filho digna habitação, nós vos rogamos que, como a preservastes de toda a mancha pela previsão da morte de seu mesmo Filho, nos concedais, por sua intercessão, que também puros cheguemos até vós. Pelo mesmo Cristo, Senhor Nosso. Amém.

Oração de Santo Ildefonso

Venho a vós, ó Mãe de Deus, e suplico-vos que me alcanceis o perdão de meus pecados e ordeneis que eu seja purificado de todas as culpas de minha vida. Rogo-vos que me conceda a graça de me unir, pelo amor a vosso Filho e a vós, a vosso Filho como a meu Deus; a vós como à Mãe de meu Deus. Amém. (Santo Ildefonso da Espanha)

Sub tuum praesidium

A vossa proteção recorremos, Santa Mãe de Deus; não desprezeis nossas súplicas em nossas necessidades, mas livrai-nos sempre de todos os perigos, ó Virgem gloriosa e bendita. Amém.

Epílogo

Esta obra foi um belo trabalho realizado em equipe e sua finalidade é aperfeiçoar a devoção mariana. Faço nossas as palavras de Sto. Afonso Maria de Ligório: "Quisera ter uma língua capaz de louvar-vos por mil línguas, para fazer conhecer a todo mundo a vossa grandeza, a vossa santidade, a vossa misericórdia, e o amor com que amais os que vos amam" (*Glórias de Maria*, p. 65). Permita-nos, Deus, também cantar as glórias de Maria e fazê-la conhecida entre as gerações. Caminhar com a filha de Sião é direcionar-se para Deus, pois em Maria tudo concorre e converge para o Criador. Esta obra permite contemplar Maria, a mulher que guardou o silêncio, "conservava cuidadosamente todos esses acontecimentos e os meditava em seu coração" (Lc 2,19); mulher do silêncio que gerou a Palavra: o Verbo! Paradoxo! Silêncio que fala. Ao longo de seus nove temas, foi meditado e refletido cada um dos nove versículos do Magnificat, entoado por Maria. Cada versículo propôs um esclarecimento, a partir da experiência vivenciada pela serva do Senhor. "Maria é a Orante perfeita, figura da Igreja. Quando rezamos a ela, aderimos, com ela, ao plano do Pai, que envia seu Filho para salvar todos os homens" (CIC n. 2679, p. 688). Cabe a cada um de nós, após termos lido e vivenciado cada meditação, pôr em prática o Magnificat em nossas vidas, ou até de forma mais profunda e espiritual entoar nosso próprio Magnificat. Criar um cântico de louvor a Deus pelas maravilhas que Ele, em seu amor, tem realizado em cada um de nós.

Referências bibliográficas

BÍBLIA. Português. Bíblia Sagrada, Edição Pastoral. São Paulo: Paulus, 1990.
CATECISMO DA IGREJA CATÓLICA. São Paulo: Edições Loyola, 2000.
COMPÊNDIO DO CATECISMO DA IGREJA CATÓLICA. São Paulo: Paulus, 2005.
COMPÊNDIO DO CONCÍLIO VATICANO II. Rio de Janeiro: Vozes, 2005.
JOÃO PAULO II. *Carta Encíclica "Ecclesia de Eucharistia"*. São Paulo: Paulinas, 2004.
LIGÓRIO, Santo Afonso Maria de. *Glórias de Maria*. São Paulo: Editora Santuário, 2005.

LIGÓRIO, Santo Afonso Maria de. *Visitas a Jesus Sacramentado e a Nossa Senhora*. São Paulo: Editora Santuário, 2008.

LITURGIA DAS HORAS. Editora Vozes, Paulinas, Paulus, Editora Ave-Maria, 1995.

MARTÍN, Santiago. *O Evangelho Secreto da Virgem Maria*. São Paulo: Paulus, 2012.

MONTFORT, São Luís Maria Grignion de. *Tratado da Verdadeira Devoção à Santíssima Virgem*. Rio de Janeiro: Editora Vozes, 2008.

OLIVEIRA, André Luiz. *Contemplando a Ladainha de Nossa Senhora*. Passos: Editora Offset São Paulo, 2010.

Índice

Apresentação 7

Preâmbulo 9

**Apontamentos históricos
sobre o Magnificat** 13

**Meditações sobre os versículos
do Magnificat** 27
1º Dia:
 A minh'alma engrandece o Senhor... 29
2º Dia:
 Pois Ele viu a pequenez de sua serva... 35
3º Dia:
 O Poderoso fez em mim maravilhas... 41

4° Dia:
Seu amor, de geração em geração... 49

5° Dia:
Demonstrou o poder de seu braço... 55

6° Dia:
Derrubou os poderosos... 61

7° Dia:
De bens saciou os famintos... 67

8° Dia:
Acolheu Israel, seu servidor... 75

9° Dia:
Como havia prometido aos nossos pais... 81

Apêndices 87
   A importância da devoção mariana... 89
   Maria engrandece o Senhor, que age nela......92
   Por que maio é o mês de Maria?..................... 96
   Orações Marianas...100

Epílogo 105

Referências bibliográficas..................................107

A marca FSC® é a garantia de que a madeira utilizada na fabricação do papel deste livro provém de florestas que foram gerenciadas de maneira ambientalmente correta, socialmente justa e economicamente viável.

Este livro foi composto com as famílias tipográficas Bookman, Calibri, Segoe, Tiffany e Times New Roman e impresso em papel Offset 75g/m² pela **Gráfica Santuário.**